Apóstolo Samuel Cameroun

HÁ A UM DEUS!

Apóstolo Samuel Cameroun

HÁ A UM DEUS!

Efésios 4 : 4 - 6

CREDO EDICIONES

Imprint

Cover image: www.ingimage.com

Publisher:
CREDO EDICIONES
ist ein Imprint der / is a trademark of
International Book Market Service Ltd., member of OmniScriptum Publishing Group
17 Meldrum Street, Beau Bassin 71504, Mauritius
Printed at: see last page
ISBN: 978-613-4-42379-3

Décimo quarto estudo bíblico/ 27

HÁ A UM DEUS!

Efésios 4: 4-6

Para você!

*Este estudo bíblico, " **Há um Deus!** " Parte de um subconjunto da coleção de uma série de sete mensagens doutrinárias fundamentais inseparáveis; tirado de Efésios 4: 4-6, e que se junta a Provérbios 9: 1, que afirma que " A sabedoria edificou a sua casa; ela lavrou as suas sete colunas. " As sete colunas, constituindo os sete pilares das escrituras doutrinárias para a Igreja de Cristãos, ninguém pode pertencer a Cristo sem aceitar esses sete pilares como suporte para a verdade de Deus! _*

Gostaríamos de lembrar que toda esta coleção é intitulada " Deixe aquele que lê prestar atenção! "

*Outra " **Boas notícias!** ". A coleção é composta por 20 outros estudos bíblicos, que a complementam. Todos esses estudos bíblicos foram planejados para o seu crescimento e edificação espiritual!!!*

A paz de Deus dentro, A alegria de Cristo fora...

PROLOGUE ON...

Coleção da série cristã:

'' AQUELE QUE CAMA PARA FAZER AVISO! ''

(Mateus 24:15)

I n o curso da nossa caminhada espiritual, vamos abordar os fundamentos do som Christian doutrina que é o seu pilar e suporte para a verdade. De acordo com o apóstolo Paulo encorajando seu fiel companheiro em 1 Timóteo 3: 14-15, ele escreveu a ele: '' *Eu te escrevo estas coisas, na esperança de voltar em breve, mas para que você saiba, se eu demorar, como devemos nos conduzir na casa de Deus, que é a Igreja do Deus vivo, coluna e sustentáculo da verdade.* '' Seguindo o apóstolo Paulo, os estudos desta série, ao longo, irão acoplar os temas bíblicos doutrina aos de profecia, porque Jesus Cristo exortando fraternalmente a Igreja que é `` Membro de seu Corpo está sempre presente ao lado de sua família. Para isso, os ensinamentos da presente coleção serão baseados principalmente nos livros conjuntos do Apocalipse (Apocalipse), justaposta com a de *Daniel,* para confirmar esta boa nova da mensagem do evangelho. Visto que, no final dos séculos, a doutrina evangélica, os dez mandamentos de Moisés e a profecia foram preciosamente recomendados aos cristãos autênticos, para servirem como seus com passe nas trevas das trevas do mal. Isso é por causa do espírito de confusão que levou à apostasia doutrinária, já fez muito popular, entre todos aqueles comunidades de reivindicação cristã que a Bíblia chama de " *Babilônia, a Grande A Mãe do Proibida!* " » *Apocalipse 17: 5.*

Portanto, devemos buscar a Deus com todas as nossas forças, nós que somos a geração no final da história deste mundo destinada à sua iminente e eterna ruína! Foi somente Jesus quem determinou as condições de sua salvação para qualquer um que sinceramente deseja escapar saindo deste mundo ímpio. Pois ele declara solenemente: " *ninguém pode vir a ele se o Pai não o trouxer...* " No entanto, uma vez vindo ao Senhor, saibamos também que Jesus acrescenta: " *ninguém pode vir a Deus sem passar por ele (Jesus) "*. Finalmente, qual é o objetivo da nossa caminhada cristã? E o que é a Igreja de Cristo? Pode ser uma organização denominacional? - As Assembléias Cristãs precisam depender de alguma agência governamental para provar que são a Igreja de Cristo?

Enquanto os verdadeiros cristãos estão se preparando para enfrentar a pior perseguição da história sagrada, pelo " *666* " que em breve condicionará todo homem, - Devem nossas finanças, como os dízimos, ser comprometidas para ganhar o céu? - Cristo ainda está presente nessas denominações chamadas Igrejas? - Quem deve ser o cabeça da Igreja de Cristo? - Como as comunidades cristãs estão sendo construídas atualmente sob o único pastor, Jesus Cristo? - A Igreja de Cristo tem líderes visíveis? - Esta Igreja de Cristo pode manter a corrupção? Isso pode comprometer nossa salvação por algumas doutrinas antibíblicas? Que igreja hoje está perfeitamente de acordo com a santa vontade de Cristo revelada na Bíblia?

Por todas essas perguntas e tantas outras que certamente esquecemos, a coleção `` *Que quem lê, preste atenção* '', oferece exclusivamente respostas bíblicas simples e bastante completas de acordo com cada tema abordado. As respostas a estas perguntas acima no enunciado, digamos assim, só serão dadas aos corações humildes, por isso esta série cristã *"Cuide-se ao que lê"*, é uma série de mensagens vivas. Eles foram elaborados com as necessidades espirituais de nossa geração em mente, especialmente as profecias de que a Bíblia, por meio de revelação e ensino doutrinário de Cristo, os apóstolos e profetas da antiguidade, nos convida a examinar incansavelmente dia e noite. numa vida de oração, a sua realização, para nos dar a força para nos apresentarmos perante o Filho de Deus no último dia. Aqui está a promessa de Cristo à sua Igreja: *" Ao que vencer e* cumprir as *minhas obras até o fim, darei autoridade sobre as nações.* » *Apocalipse 2:26*

NB: Salvo indicação em contrário, as referências bíblicas citadas nos estudos são retiradas da versão das sagradas escrituras (Louis Second). E para cada tópico, você pode consultar o resumo nas páginas **2, 9** e **31.** Pela indicação ordinal (pergunta-resposta), qualquer reação particular, poderia suscitar um apoio bíblico e/ ou comunitário personalizado, por menor que seja, quer você se manifeste em nosso site, por telefone do WhatsApp ou em nosso endereço de e-mail marcado ao final de cada página.

A Igreja apresenta assim a vocês uma série de *" 27 estudos bíblicos "*, complementando tantas mensagens de vídeo e áudio em uma versão eletrônica que pode ser baixada do site *www Christians-Église.org.* Tudo isso por igual número de livrinhos, a serem oferecidos aos poucos, conforme o Senhor

Javé Deus provê com misericórdia e graça em Jesus Cristo!

Toda esta coleção é oferecida gratuitamente, a fim de respeitar o espírito de Cristo que nos recomendou doá-la, pois a recebemos gratuitamente:

ENTÃO NÃO PODE NINGUÉM VENDER ESTA PALAVRA DE DEUS!

Mas primeiro, convidamos você a receber a carta do Autor escrita para seus leitores. Esta carta pode servir como um roteiro e um guia educacional. No entanto, nunca é cristão acreditar que nosso Senhor agirá de forma idêntica em todos os casos, durante o seu crescimento espiritual, ou no ministério pastoral da evangelização através de você. É por isso que, mais uma vez, o convidamos a ficar atento à sua voz espiritual, através do canal infalível que representa para todos, a leitura assídua de sua palavra, a Bíblia.

CARTA DE ENCORAJAMENTO DO AUTOR, PARA VOCÊ!

B rothers e irmãs, que a paz de Deus que excede todo o entendimento, guardará os vossos pensamentos em Cristo Jesus! "

Acolhe, tomando com a Igreja, o caminho estreito e estreito que conduz na eternidade, e do qual só O Filho de Deus é o Guia e o Pastor Soberano...

Em primeiro lugar, aconselharemos você durante seu estudo da Bíblia a ser crítico quanto ao significado das doutrinas às quais essas letras sagradas abordarão. Nisto, você estará seguindo as recomendações dos apóstolos de acordo com Atos 17:11. *" Esses judeus tinham sentimentos mais nobres do que os de Tessalônica; eles receberam a palavra com grande entusiasmo e examinaram as Escrituras todos os dias para ver se o que estava sendo dito a eles era correto. "*

À medida que você cresce como cristão, leia a Bíblia regularmente. Ouça o Espírito

Santo. Compartilhe essa riqueza com outras pessoas. Seja generoso, especialmente com as pessoas ao seu redor. Saiba como encorajar iniciativas de estudo da comunidade. Teste aqueles que por um espírito de crítica vã, irão acusá-lo de um sectário. Lute sem se distrair com os inimigos de suas almas. Simplifique sua vida cristã. Ajude os pobres em sua vizinhança, começando pelos membros de sua família. Envolva-se em campanhas de evangelismo público. Explore todos os nichos de comunicação e divulgue as boas novas como semeadores de Vida!

Não ignore ninguém em suas orações. Invoque o favor do Senhor Deus sobre aqueles que te ouvem, mas também sobre aqueles que irão resistir a você. " Não tenha inimigos... viva em paz com todos... e esteja em perfeita harmonia... ", com toda a Igreja local de Cristo no país, cidade ou distrito de sua residência.

Irmãos e irmãs, " fujam do pecado " e " sejam santos " porque " nosso Deus é santo. " E em gratidão a Deus por ter te salvado e enviado ", cante para Ele constantemente e canções espirituais sob a inspiração de Seu Espírito. "

Como você " recebeu de graça ", por favor, não quebre esta cadeia de solidariedade! Com os novos discípulos, comece apresentando o evangelho e, a seguir, aborde os temas doutrinários com base no seu público e nas necessidades espirituais deles. Você poderá escolher os temas que mais lhe agradam, obedecendo à voz do Espírito Santo. E como o " eunuco etíope " sabe que Cristo se juntará a eles na estrada quando você se der ao trabalho de ensiná-los, especialmente aos jovens. Dai-vos aos vossos Irmãos cristãos « como oferta a Deus », pois « a colheita é grande, mas os trabalhadores são poucos. " Além disso, lembre-se da promessa de Cristo na parábola dos " obreiros da última hora "

Assim, " nossa alegria será perfeita " em saber que vocês estão a caminho da pátria celestial, sendo filhos de Deus e servos de Cristo, se aprenderam que " não há maior amor do que dar a vida por aqueles que nós amor ". Assim como " há mais alegria em dar do que em receber "

Finalmente, ser feliz, enquanto espera para o nosso Salvador Jesus, que " vai se esqueça de sua participação na propagação do evangelho ea mensagem da verdade ". Não tenha medo, mas do próprio Deus. E depois, muito rapidamente, conte-nos sobre o seu testemunho: dons que o Espírito Santo terá concedido a você, com vistas ao aperfeiçoamento do corpo de Cristo. " Seja abençoado em todos os sentidos! "

Assim, " ***AMADO*** *", receba como presente do Senhor Jesus estes estudos bíblicos, transmitidos pelo ministério de evangelização da sua Igreja nos Camarões, pelo seu devoto servo e modesto irmão africano, que deseja recordar que Yahwéh Dieu, através seu Filho Jesus Cristo, te ama com Amor Eterno. Acredite também em nosso devotado afeto fraterno, mediante a entrada do Espírito Santo. Amém!*

NB: *No final do estudo bíblico, na (* ***Página 3 3*** *) deste título, você encontrará* *os diferentes temas propostos na coleção de estudos bíblicos "Cuidado quem lê". Lembramos aos leitores que esta série de estudos bíblicos cristãos está disponível gratuitamente para sua edificação em www.chrétiens-Église.org*

SAMUEL CAMEROUN, Apóstolo do Senhor JESUS CRISTO.
camerounsamuel@gmail.com Tel + 237 690600469 ou + 237 679647767

Texto introdutório

Deuteronômio 4:12 - 39

E o Senhor vos falou do meio do fogo; você ouviu o som das palavras, mas não viu nenhuma figura, apenas ouviu uma voz. Ele publicou seu convênio, que ordenou que você guardasse, os dez mandamentos; e ele os escreveu em duas tábuas de pedra. Nesse tempo, o Senhor me ordenou que vos ensinasse estatutos e os juízos, para que você pode fazê-los na terra que você vai possuir. Já que vocês não viram nenhuma figura no dia em que o Senhor falou com vocês do meio do fogo no Horebe, cuidem cuidadosamente de suas almas, para que não se corrompam e se tornem uma imagem de escultura, uma imagem de algum ídolo, a figura de um homem ou uma mulher, a figura de um animal que está na terra, a figura de um pássaro que voa nos céus, a figura de uma besta que rasteja no chão, a figura de um peixe que vive nas águas abaixo a Terra. Mantém a tua alma, pe coração você levantar os olhos para o céu e viu o sol, a lua e as estrelas, todo o exército dos céus, ó ser levados a você curvar-se diante deles e dar-lhes um culto: estes são coisas que o Senhor teu Deus deu a todos os povos para compartilhar sob todo o céu. Mas você, o Senhor o tomou e o tirou da fornalha de ferro do Egito, para que você fosse um povo próprio, como você é hoje. E o Senhor se irou contra mim por causa de ti; e jurou que eu iria não atravessar o Jordão e entrar na boa terra que o Senhor teu Deus lhe deu em herança. Portanto, morrerei nesta terra; Não vou cruzar o Jordão; mas você vai passá-lo, e você vai Inventário boa país. Por vós, que você não se esquecerá da aliança que o Senhor teu Deus fez com você, e que você não faça uma escultura imagem ou qualquer representação seja qual for, que o Senhor teu Deus, defendeu você. Pois o Senhor teu Deus é um fogo consumidor, um Deus zeloso. Quando vocês têm filhos, e filhos dos seus filhos, e vocês estão na terra há muito tempo, se vocês se corrompem, se vocês fazem imagens de escultura, representações de qualquer coisa, se vocês fazem o que é errado aos olhos do Senhor vosso Deus para provocá-lo, - eu chamo o céu ea terra como testemunhas contra vós o dia, - você vai perecer por uma morte rápida da terra que vão tomar posse de além do Jordão, você não vai prolongar seus dias lá, pois você será completamente destruído. O Senhor vos espalhará entre os povos, e ficareis poucos em número entre as nações para onde o Senhor vos levará. E lá você servirá a deuses, obra de mãos humanas, madeira e pedra, que não podem ver, ouvir, comer ou cheirar. Daí também buscarás o Senhor teu Deus e o acharás, se o buscares de todo o teu coração e de toda a tua alma. Em meio à sua aflição, todas essas coisas acontecerão com você. Então, nos últimos dias, você retornará ao Senhor seu Deus e ouvirá sua voz; porque o Senhor teu Deus é um Deus misericordioso, que não te desamparará, nem te destruirá; ele não se esquecerá do pacto de vossos pais, que lhes jurou. Pergunte aos tempos antigos antes de você, desde o dia em que Deus criou o homem na terra, e de uma extremidade do céu à outra: Já houve um evento tão grande e nunca ouvi nada parecido? Já houve um povo que ouviu a voz de Deus falando do meio do fogo, como você ouviu, e viveu? Já houve um Deus testado para ir e tomar para si uma nação do meio de outra nação, por provações, por sinais, milagres e de lutar com uma mão poderosa e um braço estendido e com grande terribilidade, como o Senhor vosso Deus fez por você no Egito e diante de seus olhos? Foste testemunha destas coisas, para saberes que o Senhor é Deus, que não há outro. Do céu, ele fez você ouvir sua voz para instruí-lo; e na terra ele mostrou a você seu grande fogo, e você ouviu suas palavras do meio do fogo. Ele amou seus pais e escolheu sua semente depois deles; ele próprio trouxe para fora do Egito por seu grande poder; Ele expulsou de diante de vocês nações superiores em número e poder, para trazê-los à sua terra, para dar-lhes uma possessão, como você vê hoje. Saiba, portanto, neste dia, e lembre-se em seu coração que o Senhor é Deus acima no céu e abaixo na terra, e que não há outro. E mantenha suas leis e seus mandamentos que eu estou dando-lhe este dia, que você pode ser feliz, você e seus filhos depois de ti, e de agora em diante prolongar os seus dias na terra que o Senhor teu Deus dá -lhe. "

INTRODUÇÃO

Primeiro Mandamento de Deus para Moisés

" Você não terá outros deuses antes de mim. "

T ele primeiras palavras de Deus, os seus mandamentos dez, embora transcritas diretamente dele, sabe multidões de interpretações e várias doutrinas que emanam desses códigos de comunhão com seu povo. A tendência mais popular de todas é a da doutrina da Trindade. De essência católica, esta doutrina originalmente pagã foi importada das crenças hindus do Oriente, compreendendo entre outros o culto mariano, a devoção ao deus sol, orações dirigidas a anjos e a vários espíritos. Isso contrasta com a adoração exclusiva reservada ao Deus de Israel, o único Deus invisível YAHWEH, cuja lei mosaica estipulava expressamente em seus Dez Mandamentos, sua singularidade.

D egree no preâmbulo do Decálogo, encontra-se facilmente a distinção reservada para a Pessoa do Autor: adorai aquele que é devido pelas pessoas semita, ele foi lançado recentemente do Egito politeísta.

Correndo o risco de deriva, nas epístolas de João aquele lembrete lento em c são as letras sagradas, *1 João 3: 18-19, 1 João 4: 1-6,* que a natureza de Jesus, também se tornou homem, anúncio de que estaca de uma apostasia doutrinária, conseqüência da perdição do mundo que passou a crer em um Jesus Cristo que seria de essência e ao mesmo tempo de natureza divina. Porque de acordo com o " CREDO " da Babilônia espiritual, ele (Jesus Cristo) seria Deus, nascido do Deus Verdadeiro, gerado não criado, da mesma natureza do Pai... ' '. No entanto, a Bíblia é clara quanto ao que está em jogo nessa doutrina relacionada à natureza de Jesus. *2 João 1: 7 " Porque muitos enganadores têm entrado no mundo, os quais não confessam que Jesus Cristo veio em carne. Aquele que é assim é o sedutor e o anticristo.* " Derivas que os Homens começaram a iniciar desde os tempos Apostólicos oliques até a conclusão da história da m - wave, Quando apareceu no cenário internacional, sendo que a Bíblia chamou de " Abominação *da desolação* ", " do Homem *ímpio* ", de " *mau* ", " do *adversário de Deus* ", muito simplesmente de " ***" 666 "*** ".

As doutrinas perversas e satânicas, que perderam a cristandade espiritual do mundo desde a ascensão deste homem perverso, são colocadas nos ativos dessa personalidade, que pelo menos é reivindicada como parte do cinismo e estar lá mesmo na cabeça de os apóstolos como **"Sucessor de Pedro", "Vigário do Filho de Deus", "Chefe de Estado" e,** finalmente, " *como o próprio Deus na terra, proclamando-se como tal na Igreja, pouco antes da volta de Cristo, impondo o marca do número* *espiritual "666" em todos os habitantes da terra!* » *2 Ts 2: 3 - 7* e *Revelação 13: 1-18.*

1. COMO DEUS FALOU COM SEU POVO NOS ANTIGOS?

Deuteronômio 4: 12

" E t o Senhor falou com você milho Gd fogo; você ouviu o som das palavras, mas você não viu nenhuma figura, você apenas ouviu uma voz. "

Nota: De acordo com este texto, alguém poderia ser levado a acreditar que Deus se dirigiu diretamente ao seu povo!

2. O que é na realidade? *Atos 7: 30-32*

" Quarenta anos depois, um anjo apareceu a ele no deserto do Monte Sinai na chama de uma sarça ardente. Moisés, vendo isso, ficou surpreso com essa aparição; e quando ele se aproximou para examinar, ouviu-se a voz do Senhor: Eu sou o Deus de vossos pais, o Deus de Abraão, de Isaque e de Jacó. E Moisés, todo trêmulo, não ousou olhar. "

3. O Deus da Bíblia pode ser visto diretamente por um homem?

Êxodo 33:20 " *Disse o SENHOR: Não verás a minha face; porque o homem não pode me ver e viver.* "

4. Deixe t eles, assim, viu tudo o que na Bíblia t foi transportado espiritualmente no céu? Atos 7: 55 - 56

Estêvão " *Mas Estêvão, cheio do Espírito Santo, e fixando os olhos no céu, viu a glória de Deus e Jesus em pé à direita de Deus. E ele disse: Eis que vejo os céus abertos, e o Filho do homem em pé à direita de Deus.* "

Paulo de Tarso 2 Coríntios 12: 1 - 5 " *Devemos nos gloriar... Isso não é bom. No entanto, vou ter visões e revelações do Senhor. Eu conheço um homem em Cristo que foi, há catorze anos, encantou ao terceiro céu (se ele estava em seu corpo não sei, se ele estava fora de seu corpo Eu não sei, Deus sabe). E eu sei que este homem (se foi em seu corpo ou sem seu corpo eu não sei, Deus sabe) foi levado ao paraíso, e que ele ouviu palavras inefáveis que um homem não* *pode expressar. Vou me gabar de tal homem, mas de mim mesmo, não vou me gabar, exceto de minhas enfermidades. "*

John do *Apocalipse 1: 12- 18, " Virei-me para ver o que era a voz que falou comigo. E depois que eu virei, vi sete candelabros de ouro, e no meio do que alguém castiçais de sete semelhante a um filho do homem, vestindo uma longa túnica e tendo um cinto dourado no peito. Sua cabeça e cabelos eram brancos como lã, brancos como a neve; seus olhos eram como uma chama de fogo; seus pés eram como latão quente, como se ele tivesse sido colocado em chamas em uma fornalha; ea sua voz era como o som de grandes. águas ele tinha sete estrelas em sua mão direita. da sua boca saía uma afiada, dois- espada afiada; eo seu rosto era como o sol quando brilha na sua força. Quando eu o vi, caí a seus pés como morto. Ele colocou sua mão direita sobre mim, dizendo: Não temas! Eu sou o primeiro e o último, e o vivente. Eu estava morto; eis que estou vivo para todo o sempre. Tenho as chaves da morte e do inferno. "*

Isaías no livro que leva seu nome, referências 6: 1 - 3 " *No ano da morte do rei Uzias, vi o Senhor assentado em um trono muito alto, e as abas do seu manto encheram o templo. Serafim estava acima dele; cada um deles tinha seis asas; dois com os rostos cobertos, dois com seus pés cobertos, e dois com que eles usaram para roubar. Eles clamaram uns para os outros e disseram: Santo, santo, santo é o Senhor dos Exércitos! A terra inteira está cheia de sua glória!* " Isaías 6: 1 - 3 " *Então eu disse: Ai de mim! Estou perdido, pois sou um homem cujos lábios são impuros; Eu habito no meio de um povo cujos lábios são impuros, e os meus olhos viram o Rei, o Senhor dos exércitos.* "

Jeremias também em Jeremias 1: 9 " *Então o Eterno estendeu a mão, e tocou-me na boca; eo SENHOR disse a mim, Eis que ponho as minhas palavras na tua boca.* "

Ezequiel ainda em Ezequiel 1: 26-28 " *Acima do céu, que estava sobre suas cabeças, havia algo semelhante a uma pedra de safira, em forma de trono; e nesta forma de trono apareceu a* *figura de um homem colocado acima dela. Eu ainda vi como latão polido, como fogo, dentro do qual aquele homem estava, e que irradiava por toda parte; da forma de seus lombos para cima, e da forma de seus rins para baixo, eu vi como fogo, e como uma luz brilhante, com a qual ele estava cercado. Como a aparência do arco que está na nuvem em um dia chuvoso, assim era a aparência daquela luz brilhante que o circundava: era uma imagem da glória do Senhor. Ao ver isso, caí de cara no chão e ouvi a voz de alguém falando.* "

5. Por que o Hom m e pode ver Deus? Êxodo 33: 20

" *O Senhor disse: Tu não ver o meu rosto, pois o homem pode não mim e ao vivo ver.* "

6. Existe um único homem que a Bíblia diz que viu Deus?

João 6:46 " *Porque ninguém viu o Pai, a não ser aquele que vem de Deus; aquele viu o pai.* " João 1:18" *Ninguém jamais viu a Deus; o Filho unigênito, que está no seio do Pai, é aquele que o deu a conhecer.* "

7. A foi o fizeram PotRes perguntou Jesus a permitir-lhes a ver Deus o Pai?

João 14: 8 - 9 " Disse-lhe Filipe: Senhor, mostra-nos o Pai, e nos basta. Jesus disse-lhe: `` Eu estive tanto tempo convosco, e você fez não sei me, Philip! Quem me viu, viu o Pai; como se diz: mostra- nos o Pai? "

8. Qual é o significado dessas palavras de Jesus? *João 10: 30 " Eu e o Pai somos um. " João 17: 22 " Dei-lhes a glória que me suas s dado que eles sejam um como nós somos um " Colossenses 1: 15" Ele é a imagem do Deus invisível, o primogênito de toda a criação. Pois nele foram criadas todas as coisas que estão nos céus e na terra, o visível e o invisível, tronos, dignidades, domínios, autoridades. Tudo foi criado por ele e para ele. Ele é antes de todas as coisas e todas as coisas subsistem nele. Ele é o cabeça do corpo da Igreja; ele é o princípio, o primeiro nascido dos mortos, para ser o primeiro em tudo. "*

9. O termo primogênito explica que Jesus foi criado por Maria antes de seu nascimento carnal? *Provérbio 8: 22-36*

" O Senhor me criou a primeira de suas obras, antes de suas obras a mais antiga. Estou estabelecido desde a eternidade, desde o princípio, antes da origem da terra. Eu nasci quando não havia abismos, Nenhuma fonte carregada de água; antes das montanhas foram estabelecidos, antes de as colinas existia, eu nasci; ele ainda não tinha feito a terra, nem os campos, nem o primeiro átomo do pó do mundo. Quando ele estabeleceu os céus, eu estava lá; Quando ele fez um círculo sobre a face do abismo, Quando fixou as nuvens acima, E as fontes do abismo irromperam com força, Quando deu um limite ao mar, Para que as águas não, ele não cruzou as margens, Quando ele lançou as bases da terra, Eu estava trabalhando ao lado dele, E eu o deleitava todos os dias, Brincando incessantemente em sua presença, Brincando no globo de sua terra E encontrando minha felicidade entre os filhos do homem. E agora, meus filhos, escutem- me, E felizes os que observam meus

caminhos! Ouçam a instrução, para se tornar ise, Do não rejeitá-la. Feliz é o homem que me escuta, que zela todos os dias pelos meus portões e que zela pelos postes! Pois quem me encontra, encontra a vida e obtém o favor do Senhor. Mas todo aquele que peca contra mim prejudica sua alma; Todo mundo que me odeia ama a morte. "

10. Vamos observar as semelhanças entre os dois textos bíblicos do Antigo e do Novo Testamento: *Provérbio 8: 22-36* e *Colossenses 1: 15*

Colossenses 1:15 " Ele é a imagem do Deus invisível, o primogênito de toda a criação. Pois nele foram criadas todas as coisas que estão nos céus e na terra, o visível e o invisível, tronos, dignidades, domínios, autoridades. Tudo foi criado por ele e para ele. Ele é antes de todas as coisas e todas as coisas subsistem nele. Ele é o cabeça do corpo da Igreja; ele é o princípio, o primeiro nascido dos mortos, para ser o primeiro em tudo. "

11. Este termo primogênito também é usado no Novo Testamento? *Apocalipse 22:13*

" Eu sou o alfa e o ômega, o primeiro e o último, o começo e o fim. "

12. Quem é então aquele que todos os profetas viram em uma

visão? Deuteronômio 5: 6-11 " *Eu sou o Senhor teu Deus, que te tirei da terra do Egito, da casa da servidão. Não terás outros deuses diante de mim. Não farás para ti imagem de escultura, qualquer representação das coisas que estão em cima nos céus, que estão em baixo na terra e que estão nas águas mais baixas do que a terra. Não estarás diante deles nem os servirás; porque eu, o Senhor teu Deus, sou um Deus zeloso, que castiga a iniqüidade dos pais sobre os filhos até a terceira e quarta geração dos que me odeiam, e que tem misericórdia de mil gerações para com os que me amam e guardam os meus mandamentos. Não tomarás o nome do Senhor teu Deus em vão; porque o Senhor não terá por inocente aquele que tomar o seu nome em vão.* "

Nota: Uma vez que Deus não pode ser visto, pode-se concluir que os mandamentos e leis que foram proclamados e anunciadas, foram feitos através dos anjos de Deus, não o próprio Deus!

13. O que a Bíblia diz sobre isso? Atos 7:53 " *Vocês que receberam a lei* *segundo os mandamentos dos anjos e não a guardaram!... "*

14. Qual era a natureza dos anjos enviados por Deus a seus profetas, conforme descrito na Bíblia? Êxodo 23: 20 - 24

" Eis que eu envio um anjo diante de ti, para te proteger no caminho e para trazê-lo para o lugar que tenho preparado. Seja em sua guarda em sua presença, e ouvir a sua voz; resistir -lhe que não, porque ele vai não perdoes os teus pecados, porque o meu nome está nele. Mas se ouvires a sua voz, e se fizeres tudo o que eu te digo, serei inimigo dos teus inimigos e adversário dos teus adversários. O meu anjo irá antes de ti e levá-lo para os amorreus, hititas, ferezeus, cananeus, heveus e je buseus, e eu vou destruir -los. tu não curvar-se aos seus deuses, nem as servirás; tu não imitar esses povos em sua conduta, mas tu deverás destruí-los, e tu deves quebrar suas estátuas. "

15. Durante a reunião entre o exército israelense e o anjo, como

isso é apresentado a Josué? *Josué 5:13 - 15*

" Como Josué estava perto de Jericó, ele ergueu os olhos e olhou. Eis que um homem estava diante dele com a espada desembainhada na mão. Ele foi até ele e disse-lhe: Você é um de nós ou um de nossos inimigos? Ele respondeu: Não, mas eu sou o capitão do exército do Senhor; Eu estou indo agora. Josué caiu com o rosto no chão, curvou-se e perguntou-lhe: O que meu senhor está dizendo ao seu servo? E o capitão do exército do Senhor disse a Josué: Tira os sapatos dos pés, porque o lugar em que estás é santo. E Josué o fez. "

16. Os anjos enviados por Deus também podem vir na forma espiritual. Vamos ver: *Hebreus 1: 13 - 14*

" E a qual dos anjos disse alguma vez: Senta- te à minha direita, até que eu faça dos teus inimigos o escabelo dos teus pés?" Não são todos eles espíritos a serviço de Deus, enviados para ministrar àqueles que hão de herdar a salvação? "

17. Qual é a natureza de Deus, conforme descrito na Bíblia? *João 4: 24 " Deus é espírito, e aqueles que o adoram, o adorem em espírito e em verdade. "*

18. O Deus da Bíblia " Yahweh " ele mudou? *Malachie 3: 16*
" Pois eu, o Senhor, não mudo; E vocês, filhos de Jacó, não foram consumidos. "
Nota: Jesus também é declarado nunca ter mudado desde que ascendeu ao céu.

19. Mas que tipo de Jesus está agora no céu? *Hebreus 13: 8 " Jesus Cristo é o mesmo ontem, hoje e para sempre. " Ei fibroso 9: 12 " e ele entrou de uma vez por todas no Santo Lugar, levando não o sangue de cabras e bezerros, mas o seu próprio sangue, tendo obtido a redenção eterna. " Ei fibroso 2: 5-9 " De fato, não foi aos anjos que Deus sujeitou o mundo vindouro de que falamos. Agora alguém deu testemunho em algum lugar: O que é o homem, que você se lembra dele, ou o filho do homem, que você cuida dele? Você o* *abaixou um pouco abaixo dos anjos, Você o coroou de glória e honra, Você colocou todas as coisas debaixo de seus pés. Na verdade, ao submeter todas as coisas a ele, Deus não deixou nada que não estivesse sujeito a ele. No entanto, ainda não vemos agora que todas as coisas estão sujeitas a ele. Mas aquele que foi rebaixado um pouco abaixo dos anjos, Jesus, o vemos coroado de glória e honra por causa da morte que sofreu, de modo que, pela graça de Deus, ele sofreu a morte por todos.* "

20. Porque Jesus está no céu por toda a eternidade é para que Ele seja o equivalente de Deus? *Filipenses 2: 6 - 11*

" *Tende em vós os sentimentos que estavam em Jesus Cristo, que, existindo na forma de Deus, não considerou como presa a ser arrebatada de ser igual a Deus, mas despojou-se de si mesmo, assumindo a forma de servo, tornando-se semelhante homens; e tendo aparecido como um homem simples, ele se humilhou, tornando-se obediente até a morte, até a morte de cruz. Portanto, Deus também o exaltou em grande soberania, e deu-lhe o nome que está acima de todo nome, aquele em o nome de Jesus, todo joelho se dobre nos céus e na terra e sob a terra, e deixe toda língua confessar que Jesus Cristo é o Senhor, para a glória de Deus Pai.* "

21. Deus se compara ao homem?

Resposta: ....

22. Deus permitir que os anjos no céu ou na terra, recebendo adoração? *Apocalipse 19: 10 " E caí a seus pés para adorá-lo; mas ele me disse: Cuidado para não fazer isso! Eu sou seu conservo, e também de seus irmãos que têm o testemunho de Jesus. Adore a Deus. - Pois o testemunho de Jesus é o espírito de profecia. "*

23. Quantas vezes João teve a tentação de adorar o anjo? *Apocalipse 22: 8 - 9 " Sou eu, João, quem tem ouvido e visto estas coisas. E quando eu tinha ouvido e visto, caí aos pés do anjo que estava me mostrando, para adorá-lo. Mas ele me disse: Cuidado para não fazer isso! Sou teu conservo e de teus irmãos, os profetas, e dos que guardam as palavras deste livro. Adore a Deus. "*

24. O que aconteceu com este Jesus cujo nome o anjo mencionou em *"adorar a Deus,*

porque o testemunho de Jesus é o espírito de profecia"?

Apocalipse 22: 10-16 " *E caí a seus pés para adorá-lo; mas ele me disse: Cuidado para não fazer isso! Eu sou seu conservo e de seus irmãos que têm o testemunho de Jesus. Adorar Deus. N Pois o testemunho de Jesus é o espírito de profecia. Então eu vi o céu aberto, e eis que apareceu um cavalo branco. Aquele que o montou é chamado de Fiel e Verdadeiro, e ele julga e luta com retidão. Seus olhos eram como uma chama de fogo; em sua cabeça havia vários diademas; ele tinha um nome escrito, que ninguém conhece, exceto ele mesmo; e ele estava vestido com uma roupa tingida de sangue. Seu nome é a Palavra de Deus. Os exércitos que estão no céu o seguiram em cavalos brancos, vestidos com um linho fino, branco, puro. De sua boca saiu uma espada afiada para golpear as nações; ele os governará com uma barra de ferro; e ele pisará o lagar do vinho do furor da ira do Deus Todo-Poderoso. Ele tinha um nome escrito em sua vestimenta e em sua coxa: Rei dos reis e Senhor dos senhores.* "

Nota: O nome deste anjo ali dado mostra a identidade da pessoa que dirige o Senhor dos exércitos no céu: " *Seu cavaleiro se chama Fiel e Verdadeiro, e ele julga e guerreia em justiça.* " Quanto ao seu sacrifício supremo « *... ele estava vestido com uma vestimenta tingida de sangue.* " O elemento da criação do mundo e do universo retorna aqui " *Seu nome é a Palavra de Deus.* » Finalmente de sua unção suprema de Guia Soberano dos exércitos do céu, um ainda encontra, " *... Os exércitos que estão no céu o seguiram em cavalos brancos, cobertos com um linho fino, branco, puro* "

25. O que é, aquele das nações que operou a salvação por meio de seu sacrifício de sangue?

Apocalipse 22: 10-16

" *... ele os governará com uma barra de ferro* "

26. Retorna - Ele como Deus ou como Rei? *Apocalipse 22: 10-16 " ... Rei dos reis e Senhor dos senhores.* "

Nota: Algumas pessoas podem ser tentadas a aplicar a seguinte passagem de 1 Timóteo e Apocalipse a Deus e também a Jesus.

27. Isso é verificado assim?

1 Timóteo 6: 16 " *Vou recomendar, diante de Deus que dá vida a todas as coisas, e de Cristo Jesus, que fez a boa confissão perante Pôncio Pilatos, que guardem o mandamento, e sem mancha, irrepreensível, até o aparecimento de nosso Senhor Jesus Cristo, que manifestará em seu tempo o bendito e único soberano, o rei dos reis, e o Senhor dos senhores, o único que possui a imortalidade, que habita em uma luz inacessível, a quem nenhum homem viu e não pode ver, para a quem pertence honra e poder eterno. Amém!* "

28. Quem appartien nen t - que s ho nra e poder eterno? 1 T imothée 6: 16 " *Os R reis oi, e Senhor dos nobres que só tem imortalidade* "

Nota: Diz-se que Jesus também tem todos esses atributos!

29. Mas o que diz o resto do texto? *1 Timóteo 6: 16*

" Quem mora em uma luz inacessível, que nenhum homem viu nem pode ver "

Nota: Compreendemos com esses atributos que acabamos de declarar que é realmente Deus!

30. DEUS COMPARTILHA SUA GLÓRIA COM UM HOMEM? *Deuteronômio 4: 35 - 40*

" *Foste testemunha destas coisas, para que saibas que o Senhor é Deus, que não há outro. Do céu, ele te fez ouvir a sua voz para te instruir; e na terra mostrou-te o seu grande fogo, e ouvistes as suas palavras do meio do fogo. Ele amou a vossos pais e escolheu a sua descendência depois deles; ele mesmo vos tirou do Egito com o seu grande poder; Ele expulsou de diante de vós as nações superiores em número e poder, para te introduzir na sua terra, para te dar a sua possessão, como a vês hoje. Sabe, pois, neste dia, e lembra-te no teu coração que o Senhor é Deus em cima no céu e em baixo na terra, e não há outro. e mantenha suas leis e seus mandamentos que eu estou dando-lhe este dia, que você pode ser feliz, você e seus filhos depois de ti, e de agora em diante prolongar os seus dias na terra que o Senhor teu Deus dá - lhe.* "

31. Qual é o risco no tempo de Jesus para sua natureza? *1 john 4*

" Amado, não tenha fé em todos os espíritos; mas teste os espíritos, se eles são de Deus, pois muitos falsos profetas vieram ao mundo. Reconheça o Espírito de Deus assim: todo espírito que confessa que Jesus Cristo veio em carne é de Deus; e todo espírito que não confessa a Jesus não é de Deus, é a do anticristo, cuja vinda vocês ouviram, e que é agora já o mundo. "

32. De quem vem o ensino de Jesus Cristo, o homem? 1 john 4

" Você, avós filhos, são de Deus e têm vencerão, porque que está em vós é maior do que aquele que está no mundo. Eles são do mundo; portanto, eles falam depois que o mundo, e as escutas mundo para eles. " 1 João 4 " Nós somos de Deus; quem conhece a Deus nos ouve; quem não é de Deus não nos ouve: é por isso que conhecemos o espírito da verdade e o espírito do erro. "

33. Quando deveria aparecer o ensino de outro Jesus? 1 João 2:18 *" Filhinhos, esta é a última hora, e como vocês ouviram que um anticristo está*

vindo, muitos anticristos já existem; por isso sabemos que é a última hora. "

34. Quais qualificadores são atribuídos a eles? 2 john 7

" Porque muitos enganadores têm entrado no mundo, os quais não confessam que Jesus Cristo veio em carne. "

35. Como enganadores, como eles ainda os qualificam na Bíblia? 2 john 7

" Aquele que é assim é o sedutor e o anticristo. Cuidem de vocês mesmos, para que não percam o fruto do seu trabalho, mas recebam a recompensa plena. Quem vai mais longe e não segue a doutrina de Cristo não tem Deus; aquele que permanece nesta doutrina tem o Pai e o Filho. » 2 João 7 « Se alguém vier a ti e não apresentar esta doutrina, não o recebas em tua casa, e não lhe digas: Salve! Para quem lhe diz: Olá! Participe de suas obras malignas. "

36. Qual é o termo *" esta doutrina "* referindo-se em 2 João 7?

1 Timóteo 2: 5-7 " *Porque há um só Deus e também um só Mediador entre Deus e os homens, Jesus Cristo, o homem, que se deu a si mesmo em resgate por todos. Este é o testemunho dado em seu próprio tempo, e para o qual fui nomeado pregador e apóstolo - eu falo a verdade, não minto - encarregado de instruir os gentios na fé e na verdade.* "

37. Qual foi também o nome que Jesus deu a si mesmo?

Mateus 8:20 " *Jesus respondeu-lhe: As raposas têm covis, e as aves do céu têm ninhos; mas o Filho do homem não tem onde reclinar a cabeça.* "

38. Quantas vezes ele é chamado por esse nome de Filho do Homem?

Nota: No Novo Testamento, apenas este termo filho do homem é usado pelo menos 90 vezes pelo próprio Jesus ou por essas testemunhas. Devemos, portanto, entender o quanto Jesus Cristo queria que aqueles que cressem nele não o confundissem em sua natureza vindo à terra.

37. Como entender esse poder demonstrado em O Filho de Deus? João 1: 1

" Todas as coisas foram feitas por ela, e nada do que foi feito foi feito sem ela. Nela estava a vida, e a vida era a luz dos homens. "

38. MAS QUAL ERA SUA NATUREZA INICIALMENTE ANTES DE APARECER AOS HOMENS? Provérbio 8: 1-22

" O Senhor me criou a primeira de suas obras, antes de suas obras mais antigas. Eu fui estabelecido desde a eternidade, Desde o princípio, antes da origem da terra. "

39. Jesus nasceu? Ele conheceu um começo? Uma criação como todos os seres? Provérbio 8: 1-22

" Eu nasci quando não havia abismos, nem nascentes carregadas de água "

40. Ele era antes da criação das montanhas da terra?

Provérbio 8: 1-22 *" Antes que as montanhas fossem estabelecidas, Antes que as colinas existissem, eu nasci; Ele ainda não tinha feito a terra, nem os campos, nem o primeiro átomo do pó do mundo. "*

41. Ele era antes da criação do céu? *Provérbio 8: 1-22*

" Quando ele projetou os céus, eu estava lá; Quando ele fez um círculo na face do abismo, Quando ele fixou as nuvens acima, E as fontes do abismo irromperam com força, Quando ele deu um limite ao mar, Para que as águas não cruzassem suas margens, Quando ele lançou as bases da terra "

42. Qual era o seu papel com Deus? *Provérbio 8: 1-22*

" Eu estava trabalhando com ele "

43. Que sentimento para com o Pai ele animou na terra na presença de outros homens desde a criação do homem?

Provérbios 8: 1-22 " E eu era diariamente o seu deleite, alegrando-me sempre na sua presença, Brincando no globo da sua terra; e minhas delícias eram filho do homem. "

Nota: É por isso que durante a criação, os dois puderam dizer um ao outro: faça o homem à nossa imagem à nossa semelhança, como relata Gênesis. *Gênesis 1: 26-27 " Então disse Deus: Façamos o homem à nossa imagem, conforme a nossa semelhança, e governemos sobre os peixes do mar, as aves do céu e os animais, sobre toda a terra, e em todos os répteis que rastejam na terra. Deus criou o homem à sua imagem, à imagem de Deus o criou, homem e mulher criados ele. "*

44. Como Jesus chama aqueles que O obedecem?

Provérbios 8: 1-22 " E agora, meus filhos, ouçam-me, e felizes são os que guardam os meus caminhos! Ouvir a instrução, para se tornar sábio, Do não rejeitá-la. Feliz é o homem que me escuta, que zela todos os dias pelos meus portões e que zela pelos postes! Pois quem me encontra, encontra a vida e obtém o favor do Senhor. "

45. Como Jesus é qualificado nesta passagem antes de aparecer aos filhos dos homens? *Pv 8: 1 -21*

" A sabedoria não clama? A inteligência não levanta a voz? Está no topo das alturas perto da

estrada, É na encruzilhada que ela se coloca; Ao lado dos portões, na entrada da cidade, Dentro do portões, ela profere seus gritos: Homens, eu clamo a vocês, E minha voz se dirige aos filhos dos homens. Estúpido, aprenda o discernimento; Tolos, aprenda a inteligência. Escutem, pois tenho grandes coisas a dizer, E meus lábios se abrem para ensina o que é certo. Pois minha boca proclama a verdade, e meus lábios abominam a mentira; Todas as palavras de minha boca são justas; elas não têm nada de falso ou tortuoso; Todas são claras para os inteligentes, E diretas para aqueles que encontraram o conhecimento. Prefere minhas instruções a prata, E a ciência para o mais precioso ouro; Pois a sabedoria é melhor do que pérolas, é mais valioso do que todas as coisas caras. Eu, a sabedoria, tem discernimento para morada, E eu possuir a ciência da reflexão. o medo do Senhor é o ódio ao mal; Arrogância e orgulho, o caminho do mal, E o perverso boca, é isso que eu odeio. Conselho e sucesso são meus; Eu sou inteligência, a força é minha. Por mim reinam os reis e os príncipes decretam o que é certo; Por mim governam os governantes, os grandes, todos os juízes da terra. Amo quem me ama, E quem me busca me encontra. Comigo estão riquezas e glória, bens duráveis e justiça. Melhor é o meu fruto do que o ouro, do que o ouro puro, e o meu produto é melhor do que a prata. Eu ando no caminho da justiça, no meio das veredas da justiça, para dar coisas boas aos que me amam e para encher seus tesouros. "

Jó 28:27 " Então ele viu sabedoria e a manifestou; ele lançou seus alicerces e o testou. "

46. Que riscos correm aqueles que não dão ouvidos a esta doutrina de Jesus Cristo " homem "? *Provérbio 8: 1-22*

" Mas todo aquele que peca contra mim faz mal à sua alma; Todo mundo que me odeia ama a morte. "

Nota: Sem esquecer especialmente as consequências que irão sofrer todos aqueles que se recusam a receber o verdadeiro ensinamento de Deus sobre o Salvador que ele nos enviou! *1 João 4: 1 -3 " Amados, não não colocar fé em todo espírito; mas teste os espíritos, se são de Deus, pois muitos falsos profetas vieram ao mundo. Reconheça o Espírito* *de Deus assim: todo espírito que confessa que Jesus Cristo veio em carne é de Deus; e qualquer espírito que não confessa a Jesus não é de Deus, é a do ano tichrist, cuja vinda vocês ouviram, e que agora já está no mundo.* "

47. De qual seria a partir desta Anticristo, anunciou na passagem precedente? 1 João 4: 1 -3

' C ' *é o ano téchrist, o que você ouviu estava vindo, e agora já está no mundo.* "

Nota: Para entender completamente o que está em jogo neste ensino, recomendamos enfaticamente que você estude as lições anteriores que tratam de questões relacionadas ao aviso dado aqui sobre o Anticristo. Veja sobre este assunto nesta série de estudos bíblicos: lição N ° 03 '' O SINAL DA BESTA, O '' 666 '' NA BÍBLIA E O FIM DO MUNDO ''.

E a lição N ° 04 `` O SINAL DA BESTA, O (666) REVELADO. ''

48. QUAIS SÃO OS RISCOS QUE RESULTARÃO OS HOMENS ANTES DA VOLTA DE CRISTO?

Apocalipse 13: 16-18 " *E ela fez com que todos, pequenos e grandes, ricos e pobres, livres e escravos, recebessem uma marca na mão direita ou na testa, e que ninguém pudesse comprar ou vender, sem ter o marca., o nome da besta ou o número do seu nome. Aqui está a sabedoria. Aquele que tem entendimento calcule o número da besta. Pois é o número de um homem, e seu número é seiscentos e sessenta e seis.* "

49. Quais eram os ensinamentos das igrejas na época em que Paulo pregava o evangelho? 1 Timóteo 2: 4-5

" *Porque há um só Deus e também um só Mediador entre Deus e os homens, Jesus Cristo, o homem, que se deu a si mesmo em resgate por todos. Este é o testemunho dado em seu próprio tempo, e para o qual fui nomeado pregador e apóstolo - eu falo a verdade, não minto - instruído a instruir os gentios na fé e na verdade. "*

50. Os demônios sabem da existência de um único Deus Supremo?

Tiago 2:19 " *Você acredita que há um Deus, você faz bem; os demônios também acreditam e tremem. "*

51. Quando Jesus ressuscitou, ele ainda tinha uma forma humana? Lucas 24: 36-41

" *Enquanto eles falavam assim, ele mesmo se apresentou no meio deles e disse-lhes: Paz seja convosco! Tomados de medo e terror, eles pensaram que viram um espírito. Mas ele lhes disse: Por que vocês estão preocupados e por que tais pensamentos estão surgindo em seus corações? Veja minhas mãos e meus pés, sou eu; toque-me e veja: um espírito não tem carne nem ossos, como você vê que eu tenho. E, dizendo isso, mostrou-lhes as mãos e os pés. Como eles ainda não acreditaram na sua alegria e ficaram maravilhados, ele disse-*

lhes: Vocês têm alguma coisa para comer aqui? Eles o presentearam com peixe assado e um favo de mel. Ele pegou um pouco e comeu na frente deles. Então ele lhes disse: Isto é o que eu disse quando ainda estava com vocês, que tudo o que está escrito sobre mim na lei de Moisés, nos profetas e nos salmos. Então ele abriu suas mentes, para que pudessem entender as Escrituras "

52. C e " Jesus " que ascendeu ao céu, ele mudará provavelmente para ser igual a Deus? Hebreus 13: 8

" Jesus Cristo é o mesmo ontem, hoje e para sempre. "

53. Como Homem, que missão foi atribuída a Ele com o Pai? Hebreus 7:24

" Mas ele, porque permanece para sempre, tem um sacerdócio que não é transmissível. "

54. O que é o ' Sacerdócio Não Transmitido de Jesus - Cristo ' ' hoje e para sempre? João 1.26

" João respondeu: Eu batizo com água, mas entre vocês há um que vocês não conhecem, que vem após mim; Eu não o conhecia, mas foi para que se manifestasse a Israel que vim batizar com água. João prestou este testemunho: Eu vi o Espírito descer do céu como uma pomba e repousar sobre ele. Eu não o conhecia, mas aquele que me enviou para batizar com água, esse me disse: Aquele sobre quem você verá o Espírito descer e parar, é aquele que batiza com o Espírito Santo. E eu vi e testifiquei que ele é o Filho de Deus. "

55. Os homens conhecem o " Deus verdadeiro " quando confu ndem e adoram Jesus como Deus? João 4:20 - 24

" Nossos pais adoraram nesta montanha; e você diz, você, que o lugar onde é necessário adorar é em Jerusalém. Mulher, Jesus disse a ela, acredite em mim, está chegando a hora em que você não vai adorar o Pai nem neste monte nem em Jerusalém. Você ama o que não conhece; adoramos o que sabemos, pois a salvação vem dos judeus. Mas está chegando a hora, e já chegou, em que os verdadeiros adoradores adorarão o Pai em

espírito e em verdade; pois esses são os adoradores que o Pai pede. Deus é Espírito, e aqueles que o adoram devem adorá-lo em espírito e em verdade. "

56. É permitido e recomendado adorar Jesus? *Deuteronômio 4: 14 - 20*

" Naquele tempo o SENHOR me ordenou que te ensinasse leis e preceitos, para que os pusesses em prática na terra que estás para tomar posse. Já que vocês não viram nenhuma figura no dia em que o Senhor falou com vocês do meio do fogo no Horebe, cuidem cuidadosamente de suas almas, para que não se corrompam e se tornem uma imagem de escultura, uma imagem de algum ídolo, a figura de um homem ou uma mulher, a figura de um animal que está na terra, a figura de um pássaro que voa nos céus, a figura de uma besta que rasteja no chão, a figura de um peixe que vive nas águas abaixo a Terra. Cuide de sua alma, para que você não levante seus olhos para os céus e veja o sol, a lua e as estrelas, todo o exército dos céus, e você não seja levado a se curvar a eles e adorá-los. Estas são as coisas que o Senhor vosso Deus deu a todos os povos para compartilharem sob todo o céu. Mas tu, o Senhor te tomou e te

tirou da fornalha de ferro do Egito, para que fosses um povo seu, como és hoje. "

CONCLUSÃO

Esaia h 43: 1-25 " *Assim diz o Senhor agora, que criou, ó Jacó; Aquele que formou você, ó Israel! Do not ter medo, pois eu redimi-lo, eu te chamo pelo seu nome: você é meu! Se você atravessar as águas, eu serei contigo; E os rios, eles não vão sobrecarregar você; Se você andar no fogo você não vai queimar a si mesmo, nem o. chama irá ajustá-lo no fogo Porque eu sou o Senhor vosso Deus, o Santo de Israel, o seu Salvador; I dar Egito para o seu resgate, a Etiópia e Saba para você. Porque você tem valor em meus olhos, porque você está honrado e eu adoro você, eu dou homens em seu lugar, e povos para a tua vida. Não tenhas medo, porque estou contigo; trarei a tua semente do oriente e recolherei-te do ocidente. Direi ao norte: dá! E ao meio-dia: não te detenhas! Traga meus filhos de países distantes, e minhas filhas dos confins da terra, todos os que são chamados pelo meu nome, que criei para minha glória, a quem formei e fiz. Que tirem os cegos que têm olhos, a d os surdos que têm ouvidos. Todas as nações se reúnam, e os povos se reúnam. Quem entre eles anunciou essas coisas? Quais nos fizeram ouvir as primeiras previsões? Que eles apresentem suas testemunhas e estabeleçam sua lei; Ouça e diga: é verdade! Vós sois minhas testemunhas, diz o Senhor, vós e meu servo a quem escolhi, para que o conheçais, para que acredite em mim e compreenda que sou eu: antes de mim ele não foi formado por Deus, e depois de mim haverá ser nenhum. Eu, eu sou o Senhor, e além de mim não há Salvador. Fui eu quem proclamei, salvei, predisse, Não está entre vocês um deus estrangeiro; Vocês são minhas testemunhas, diz o Senhor, eu sou Deus. Eu sou desde o princípio, e ninguém livra da minha mão; Eu vou agir: quem vai se opor a isso? Assim diz o Senhor teu Redentor, o Santo de Israel: Por amor de ti, envio o inimigo contra Babilônia, e faço descer todos os fugitivos, sim, os caldeus, nos navios de que se gloriaram. Eu sou o Senhor, seu Santo, o Criador de Israel, seu Rei. Assim diz o Senhor, Que abriu um caminho no mar, E em águas poderosas um caminho, Que colocou carros e cavalos, Um exército e guerreiros poderosos, De repente juntos, para nunca mais se levantar, Destruídos, extintos como um pavio: Pense não mais sobre eventos passados, E não considere mais o que é antigo Aqui eu vou fazer uma coisa nova que está para acontecer: Você não sabe? Abrirei caminho no deserto e rios no deserto. As feras do campo me glorificarão, Os chacais e os avestruzes, Porque porei água no deserto, Rios no deserto, Para regar o meu povo, meu eleito. As pessoas que formei Publicarão meu louvor. E você não me chamou, ó Jacó! Pois te cansaste de mim, ó Israel! Você não me ofereceu suas ovelhas em holocausto, e não me honrou com seus sacrifícios; Não te atormentei com oferta, nem te cansei com incenso. Não me compraste especiarias por dinheiro, e não me fartaste com a gordura dos teus sacrifícios; Mas você tem me atormentado com os seus pecados, Você me fez cansado com as vossas iniqüidades. Sou eu, eu que apago suas transgressões por minha causa, E não me lembrarei mais de seus pecados.* "

HÁ UM DEUS!

Efésios 4: 4-6

RESUMO

6. *Existe um único homem cuja Bíblia diz que viu Deus?*
João 6:46
7. Os apóstolos pedem a Jesus que lhes permitam ver a Deus O Pai?
João 14: 8 - 9
8. *Qual é o significado dessas palavras de Jesus? João 10: 30*
9. O termo primogênito explica que Jesus foi criado antes de seu nascimento carnal por Maria? *Provérbio 8: 22-36*
10. Vamos observar as semelhanças entre os dois textos bíblicos do Antigo e do Novo Testamento: *Provérbio 8: 22-36* e *Colossenses 1: 15*
Col. 1: 15
11. *Este termo primogênito também é usado no Novo Testamento? Apocalipse 22:13*
12. Quem então é aquele que todos os profetas viram em visão? *Deuteronômio 5: 6-11*
13. O que a Bíblia diz sobre isso? *Atos 7:53*
14. *Qual era a natureza dos anjos enviados por Deus a seus profetas, conforme descrito na Bíblia? Êxodo 23:20 - 24*

15. Durante o encontro entre o exército de Israel e o anjo, como ele se apresentou a Josué? *Josué 5:13 - 15*

16. *Os anjos enviados por Deus também podem vir em forma espiritual. Vamos ver: Hebreus 1: 13-14*

17. Qual é a natureza de Deus conforme descrita na Bíblia? *João 4:24* "

18. O Deus da Bíblia " YAHWEH " muda? *Malachie 3: 16*

19. Mas que tipo de natureza é Jesus no céu hoje? *Hebreus 13: 8* "

20. O fato de Jesus estar no céu por toda a eternidade o torna igual a Deus? *Filipenses 2: 6-11*

21. Deus se compara ao homem?

22. Deus permite que os anjos no céu ou na terra recebam adoração? *Apocalipse 19: 10*

23. Quantas vezes João teve a tentação de adorar o anjo? *Apocalipse 22: 8-9*

24. O que aconteceu com esse Jesus cujo nome o anjo mencionou em *"adorar a Deus,*

porque o testemunho de Jesus é o espírito de profecia" ?
Apocalipse 22: 10-16

25. *E quanto às nações cuja salvação ele trouxe por meio de seu sacrifício de sangue? Apocalipse 22: 10-16*
26. Ele está voltando como Deus ou como Rei? *Apocalipse 22: 10-16 "*
27. Isso é verificado como tal? *1 Timóteo 6:16*
28. A quem pertencem a honra e o poder eterno? *1 Timóteo 6:16*
29. *Mas o que diz o resto do texto? 1 Timóteo 6:16*
30. Deus compartilha sua glória com um homem? *Deuteronômio 4:35 - 40*
31. Qual é o risco que houve durante o tempo de Jesus sobre sua natureza? *1 john 4*
32. De quem vem o ensino de Jesus Cristo, o homem? *1 john 4*
33. Quando deveria aparecer o ensino de outro Jesus? 1 *João 2:18*
34. Quais qualificadores são atribuídos a eles? *2 john 7*
35. *Como enganadores, como eles ainda se qualificam na Bíblia? 2 john 7*

36. O que é o termo " *esta doutrina* " referindo-se em *2 João 7?*

1 Timóteo 2: 5-7

37. Qual era o nome do próprio Jesus também?

Mathieu 8: 20

38. Quantas vezes ele é chamado pelo nome de Filho do Homem?

39. *Como entender esse poder implantado no Filho de Deus? João 1: 1*

40. *Mas qual era sua natureza antes de aparecer aos homens? Provérbio 8: 1-22*

41. *Jesus nasceu? Ele conheceu um começo? Uma criação como todos os seres? Provérbio 8: 1-22*

42. *Ele era antes da criação das montanhas da terra?*

Provérbio 8: 1-22

43. Ele estava antes da criação do céu? *Provérbio 8: 1-22*

44. Qual era o seu papel com Deus? *Provérbio 8: 1-22*

45. Que sentimento em relação ao Pai o animou na terra na presença de outros homens desde a criação do homem?

Provérbio 8: 1-22

46. O que Jesus chama aqueles que O obedecem?
Provérbio 8: 1-22

47. *Como Jesus é qualificado nesta passagem antes de aparecer aos filhos dos homens? Provérbios 8: 1-21*

48. Que riscos correm aqueles que não dão ouvidos a esta doutrina de Jesus Cristo "homem"? *Provérbio 8: 1-22*

49. De quem viria esse anticristo, anunciado na passagem anterior? *1 João 4: 1-3*

50. Quais serão os riscos que os homens enfrentarão antes da volta de Cristo? *Apocalipse 13: 16-18*

51. Que ensino eles tinham nas igrejas quando Paulo estava pregando o evangelho? *1 Timóteo 2: 4-5*

52. *Os demônios sabem da existência de Um Deus Supremo?*
Tiago 2:19

53. Quando Jesus ressuscitou, ele ainda tinha uma forma humana? *Lucas 24: 36-41*

54. Este 'Jesus' que ascendeu ao céu mudará de natureza para ser igual a
Deus? *Hebreus 13: 8*
55. Como Homem, que missão foi atribuída a Ele com o Pai? *Hebreus 7:24*
56. Em que consiste o "Sacerdócio Não Transmissível de Jesus Cristo" hoje e para sempre? *João 1.26*
57. Os homens conhecem o "Deus verdadeiro" quando confundem e adoram Jesus como Deus? *João 4:20 - 24*
58. É permitido e recomendado adorar a Jesus? *Deuteronômio 4:14 - 20*
CONCLUSÃO
RESUMO
NA MESMA COLEÇÃO DE ESTUDOS BÍBLICOS

NA MESMA COLEÇÃO DE ESTUDOS BÍBLICOS:

1. A PROFECIA MAIS LONGA DA BÍBLIA; TÍTULO I, O BATISMO DE JESUS CRISTO, **A ANUNCTION do Santo dos Santos.**
2. **A PROFECIA MAIS LONGA DA BÍBLIA; TÍTULO II, A PURIFICAÇÃO DO SANTUÁRIO, SATANÁS É CAÇA PARA FORA DO CÉU.**
3. **O FIM DO MUNDO NA BÍBLIA E NO SINAL DA BESTA, O " 666 ".**
4. **O GRANDE SINAL DA BESTA, O (666) REVELADO.**
5. **COMO OS HOMENS JÁ TOMARAM O SINAL (666) DA BESTA NA FRENTE?**
6. **COMO OS HOMENS JÁ TOMARAM (666) O SINAL DE BESTA NA MÃO?**
7. **os dez mandamentos DE DEUS E SALVAÇÃO EM JESUS CRISTO.**
8. **OS TEMPOS, O PECADO DE JUDAS NA IGREJA CONTEMPORÂNEA APOSTASIADA.**

9. QUAIS SÃO OS OUTROS SINAIS DA BESTA?
10. O FUNCIONAMENTO DA IGREJA APÓSTATA.
11. PARAÍSO E ESPERANÇA CRISTÃ.
12. A IGREJA, OS CRISTÃOS.
13. QUEM É O VERDADEIRO DEUS?
14. HÁ UM DEUS!
15. EXISTE UM SENHOR!
16. HÁ UM ESPÍRITO!
17. EXISTE APENAS UMA FÉ!
18. HÁ UMA ESPERANÇA!
19. HÁ UM CORPO!
20. EXISTE APENAS UM BATISMO!
21. O SELO DE DEUS NO APOCALIPSE.
22. O SELO DO DIABO NO APOCALIPSE.
23. O DIA QUANDO DO VATICANO, a grande prostituta, a mãe do necessário será DESTRUÍDO.
24. ESTÁ AQUI A GRANDE sinal do fim dos tempos, E DO RETORNO DE JESUS CRISTO.

25. O MOVIMENTO ISLÂMICO DESCRITO NO LIVRO DO APOCALIPSE.
26. A ÚLTIMA igreja, a 144.000, O RETORNO DO SENHOR JESUS CRISTO, e na eternidade.
27. VINTE E SÉTIMA ESCRITA: O TESTEMUNHO. VIDA E TESTEMUNHOS CRISTÃOS!

Printed by Books on Demand GmbH, Norderstedt / Germany